AF278043

Animales en verso

PIZCA DE SAL

1.ª edición: febrero 2024

© Del texto: Ana Alonso, 2024
© De las ilustraciones: Marisa Morea, 2024
© De las fotografías: © Archivo Anaya (Candel, C.; Canto, M.;
Fernández Vega, J.; Rico, J. J.; Rivera Jove, V.; Ruiz, J.B.;
Valls, R.; Velasco, P. - Fototeca de España)
© Grupo Anaya, S. A., 2024
Valentín Beato, 21. 28037 Madrid
www.anayainfantilyjuvenil.com

Diseño de cubierta:
Miguel Ángel Pacheco, Javier Serrano
y Patricia Gómez

ISBN: 978-84-143-3709-7
Depósito legal: M-32825-2023
Impreso en España - *Printed in Spain*

PAPEL DE FIBRA
CERTIFICADA

*Reservados todos los derechos. El contenido de esta obra está protegido
por la Ley, que establece penas de prisión y/o multas, además de
las correspondientes indemnizaciones por daños y perjuicios, para quienes
reprodujeren, plagiaren, distribuyeren o comunicaren públicamente,
en todo o en parte, una obra literaria, artística o científica,
o su transformación, interpretación o ejecución artística fijada
en cualquier tipo de soporte o comunicada a través de cualquier
medio, sin la preceptiva autorización.*

Ana Alonso

Animales en verso

Ilustraciones
de Marisa Morea

JIRAFA

Ser una jirafa es algo estresante,
yo preferiría ser un elefante.

Porque una jirafa parece un camello
que ha estirado un poco demasiado el cuello.

Un cuello tan largo resulta una lata
cuando se te enreda con alguna pata,
¡y ya ni te cuento cuando coges frío
y con la bufanda te montas un lío!

Ya sé que mis manchas son muy estilosas,
y que debería sentirme orgullosa.
Pero aunque me llamen alta y elegante,
¡yo preferiría ser un elefante!

COCODRILO

En las aguas verdes
y lentas del Nilo
hace mucho tiempo
vivió un cocodrilo.

A veces lloraba,
pero no de pena,
sino por limpiarse
los ojos de arena.

Y cuando reía
no era de alegría.
Era por la presa
que veía…
le daba un zarpazo
y se la comía.
¡Con un cocodrilo,
cualquiera se fía!

CABALLO

Al paso, al paso, al paso…
Cuando voy despacio
te puedo hacer caso.

Al trote, al trote, al trote…
Si llevo un jinete,
¡que bote!

Al galope, al galope, al galope…
¡Esto sí es vivir a tope!
Sentir la brisa en la cara,
el aire dulce de mayo,
la tierra bajo mis patas…
¡Me encanta ser un caballo!

BARBINO Y BARBETO

(Dedicado a mi hermana Julia)

Somos Barbino y Barbeto.
¡Un respeto!

Somos dos cuervos muy sabios.
Sabemos leer los labios.
Entendemos a la gente,
leemos hasta la mente.

Restamos y dividimos.
Aprendemos, competimos
a ver quién es el primero.
¡Y el otro se lleva un cero!

Aunque es solo por jugar.
Nos gusta mucho acertar,
pero al cometer errores
también aprendes horrores.

Somos Barbino y Barbeto.
Vivimos en este seto.
Y aunque somos diferentes,
¡los dos somos excelentes!

RINOCERONTE

¿Para qué sirve tener
una nariz con un cuerno?
Para pasar con cuidado
las hojas de tu cuaderno.

Si eres un rinoceronte
y vives en la sabana,
vas al colegio de noche,
y por el día, a la cama.

En el colegio aprendemos
poesías y canciones,
a ser buenos con las aves
y a escapar de los leones.

Todos los rinocerontes
tenemos la piel muy gruesa.
Si un tigre intenta mordernos,
ni siquiera la atraviesa.

Aun así, somos prudentes
y un poco desconfiados.
Aunque arrugamos la frente
no es que estemos enfadados.

Y pesamos como tanques,
pero vamos muy deprisa.
Cuando queremos, corremos
ligeros como la brisa.

Si se meten con nosotros,
embestimos con estilo.
¡Pero somos un encanto
cuando nos dejan tranquilos!

PECES

Los arenques
no son enclenques.

Las merluzas
no son chapuzas.

Los lenguados
no son deslenguados
(estaríamos arreglados).

Los salmones
no son glotones.

Los salmonetes
no son salmones
regordetes.

Las sardinas
no son lubinas.

Y las doradas
son plateadas.

¡Vivan los peces de aguas saladas!

VACA

Lo mejor de una vaca
es cuánto destaca:
tan grande en el campo verde…
¡no se pierde!
Haciendo sonar su esquila…
¡tan tranquila!
Comiendo hierba del pasto,
¡no hace gasto!
Y dando leche a su dueña
si la ordeña…

Ay, lo peor de una vaca
es la caca.
Abundante,
maloliente,
asquerosa,
repelente...
Pero sirve como abono,
aquí todo se aprovecha.
Con la caca de una vaca,
¡qué bien sale la cosecha!

Gatos

Un gato
tranquilo
en la ventana
juega con su ovillo
de lana.

Un gato
curioso
al acecho
mira una polilla
en el techo.

Un gato
de noche
se escapa…
Callado,
elegante…
¡No es gato,
que es gata!

PANTERA

Se dicen muchas cosas
de la pantera,
que si es muy orgullosa,
que si es muy fiera...

Que si parece un tigre
ennegrecido,
que si antes era un gato
pero ha crecido...

La pantera suspira:
¡Cuánta ignorancia!
Y menea la cola
con elegancia.

Si queréis conocerme
venid a verme.
Pero mejor después
de la comida...
porque antes suelo estar
muy distraída
y podríais
jugaros
la vida.

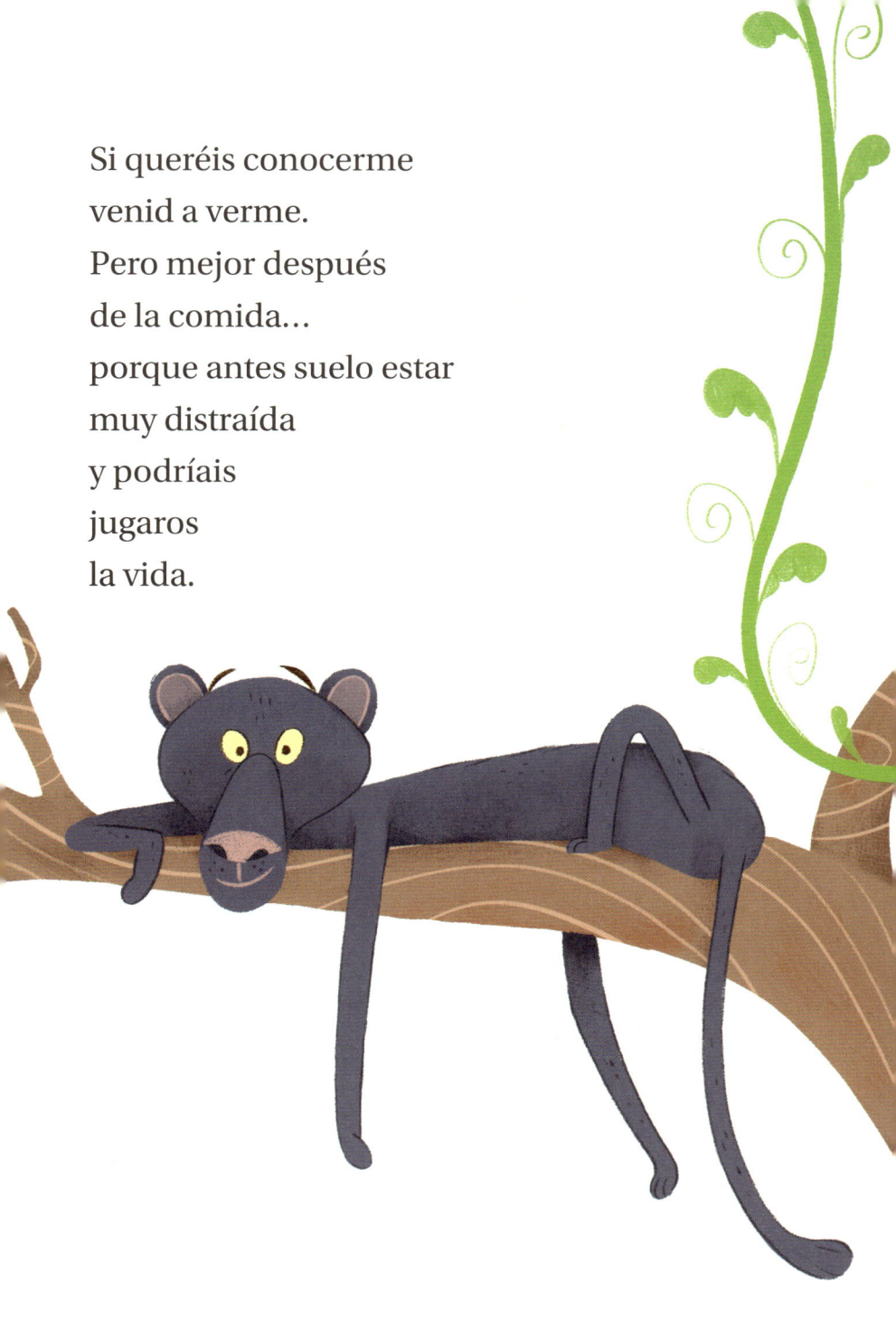

RANA

A ver cómo te explico esto:
vivir como una rana
puede ser molesto.

A veces me confunden
con un príncipe apuesto
y empiezan a besarme...
¡Lo detesto!

A mí lo que me gustan
son los mosquitos,
con un poco de kétchup…
¡exquisitos!

Siempre mejor con agua
que con cerveza.
¡Así no se te suben
a la cabeza!

Mariposas

Miradnos, violetas y rosas:
¡somos nosotras,
las mariposas!

Gracias por invitarnos
a merendar,
¡el néctar es un manjar!

Si nos chupamos las patas
no es por molestar,
nosotras las usamos
para saborear.

Y después de la merienda,
¿qué es este polvo dorado?
¿Decís que se llama polen?
¡Sí que nos hemos manchado!

Ahora tenemos que irnos,
gracias por la invitación.
¡Cuánto nos gusta el trabajo
de la polinización!

LEONA

Las leonas estamos
un poco cansadas
de que los leones
no hagan nada.

¿Quién caza a las presas?
Nosotras.
¿Quién cuida a las crías?
Nosotras también.
¿Quién come primero
después de la caza?
Los leones macho,
¡lo has oído bien!

Nos hemos hartado
de esta situación:
¡Todas a la calle,
manifestación!

Leonas unidas,
no nos pararán.
¡Por fin los leones
nos escucharán!

JUNTAS
SOMOS MÁS
FUERTES

MURCIÉLAGO

Un murciélago
no es un ratón
con alas.

Ni un vampiro
embrujado
por las malas.

Un murciélago
es un mamífero
con clase.

¡Acuérdate de esto,
pase lo que pase!

PERROS

Marcos tiene un galgo,
un perro elegante
y un poco arrogante.

Carla tiene un bulldog,
de cara cuadrada
y piel arrugada.

Luz tiene un mastín,
que ya era un gigante
desde pequeñín.

Rosa tiene un dálmata
con piel de lunares
y dignos andares.

Y yo tengo un perro
callejero,
que no es ni muy grande,
ni muy fiero,
ni muy elegante,
ni muy altanero,
pero es muy alegre
y buen compañero.

BICHOS

Yo soy un saltamontes,
pero me gustaría
ser un saltarríos,
o un saltapantanos.

Yo soy un ciempiés,
pero me gustaría
ser un ciencabezas
o un cienmanos.

Yo soy un cortatijeras,
pero me gustaría
ser un cortapizzas
o un cortaperas.

Yo soy un grillo topo,
y aunque soy extraño,
quiero ser yo mismo
todo el año.

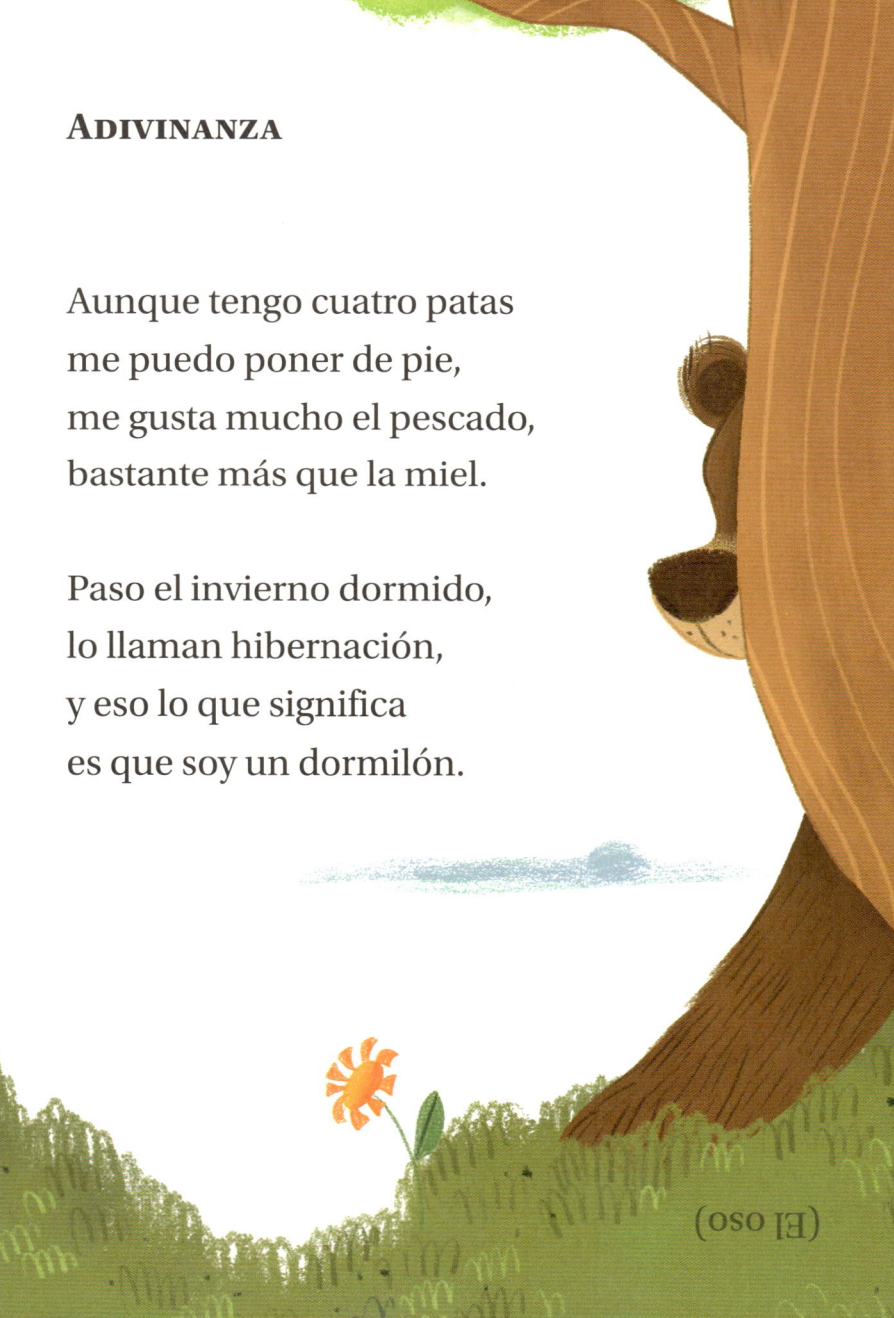

ADIVINANZA

Aunque tengo cuatro patas
me puedo poner de pie,
me gusta mucho el pescado,
bastante más que la miel.

Paso el invierno dormido,
lo llaman hibernación,
y eso lo que significa
es que soy un dormilón.

(El oso)

SERPIENTES

La cobra
con su mirada,
la pitón
con sus anillos,
la víbora
con su lengua,
la cascabel
con su brillo...

Todas largas, sinuosas,
con sus pieles escamosas,
precavidas,
silenciosas…
Pero no te acerques mucho,
¡porque son muy peligrosas!

CANGURO

A lo lejos
de noche
en lo oscuro...

¿Quién da un salto?
Parece un
canguro...

¿Pero es un canguro
o es una cangura?

En su bolsa
se esconde
una extraña
figura…

¡Ah, no,
que es un canguro
en miniatura!

ZORRO

Yo conozco mucho al zorro
que sale en *El Principito.*
Sé que odia a los cazadores,
y que le gustan los trigos.
Sé que a veces es valiente
y otras veces precavido.
Y que, si lo domesticas,
también puede ser tu amigo.

MEDUSA

Querida medusa,
¡eres mi musa!

Tan extraña y tan coqueta,
pareces de otro planeta.

Pareces de gelatina,
tan ligera y tan divina.

Se te ve tan transparente
que pareces una lente…

¡Y tus brazos son hermosos,
aunque sean venenosos!

Como un sombrero con lazos
vas flotando por el mar.
Ay, medusa, ¡eres mi musa!
¡No me vayas a picar!

ESPEJO

Hoy he visto un conejo en el espejo.

Me miró fijo a los ojos.
Los suyos estaban rojos.

Y tenía mis orejas,
pero un poquito más tiesas.

Y tenía mi nariz,
pero un poquito cambiada,
más parecida a un hocico,
y rosada.

Y tenía mi sonrisa,
pero con distintos dientes,
y llevaba mi camisa,
pero un poco diferente.

Era igual en todo a mí,
pero cubierto de pelo.
Era yo en versión conejo…
¡daba un poco de canguelo!

Búho

Shhhhhhhh.
Silencio, que el búho pasa.
Casi no hace ruido
al mover las alas.
Es el silencioso
guardián de la noche.
¡Todas las estrellas
lo conocen!

LOBOS

Yo soy el lobo de Caperucita.
Todavía algunas veces
me disfrazo de abuelita.

Yo soy el lobo de los tres cerditos.
¡Vaya trampa me tendieron,
los malditos!

Yo soy el lobo de los siete cabritillos,
que al final me la jugaron,
¡qué listillos!

Yo soy el lobo de Pedro,
ese pastor presumido.
Pero no me lo comí,
¡también en eso ha mentido!

Pues yo soy un lobo bueno,
y siempre cambian mis cuentos.
¿Es que para ser famoso
hay que ser malo y violento?

LEOPARDO

Todo el mundo copia mis manchas.
En vestidos,
en bufandas,
en abrigos,
cinturones,
chaquetas y pantalones.

Todos dicen que mi estilo
tan salvaje y llamativo
se distingue a simple vista
y que soy un fashionista.

Pero yo estoy aburrido:
¡siempre voy vestido igual!
¿Y si cambio de tendencia
para verme original?
Probaré una piel de cuadros,
o un estampado de flores.
¡Quizá me ponga lunares
o unas rayas de colores!

ANIMALES DE GRANJA

Lo normal en una granja
es que las ovejas
den lana.

Las vacas, leche.
Las gallinas, huevos.
La abejas, miel.
Los cerdos, cerditos nuevos.

Pero en esta granja a veces
nos hacemos un lío,
y no sabemos ya
qué es tuyo y qué es mío.
La oveja pone un huevo,
el cerdo da miel,
la gallina, leche,
¿y la vaca?
La señora vaca
lo mezcla todo
y hace un pastel.

BALLENA AZUL

Soy más grande que ocho autobuses en fila.
Lo leí en un libro que se cayó al mar.
Me quedé asombrada: ¡yo no lo sabía!
Ni otras muchas cosas que el libro decía,

como que mi cría engorda
cuatro kilos cada hora,
que en mi boca caben
cincuenta personas,
que estoy en peligro
de extinción…

¡A partir de ahora
prestaré atención!

TIRANOSAURIO

Yo ya no existo, pero he existido.
¡Qué buenos tiempos! Yo era el rey.
Iba por ahí tan campante,
me llevaba por delante
todo lo que me encontraba,
y a todos los devoraba
(soy carnívoro y gigante).
Pero ahora estoy extinto (o extinguido)
y eso significa
que he desaparecido.

Solo existo en los museos
y en los libros de los niños,
nadie me ve peligroso,
todos me tienen cariño,
pero lo que yo deseo
es salir del museo,
aplastar,
morder,
rugir…
¡Volver a vivir!

Estrellas de mar

Las estrellas del cielo
son muy presumidas.
Como tienen luz propia
siempre están encendidas.
Además son coquetas,
muchas llevan collares
de planetas.
Y son bolas de fuego
de colores,
¡las estrellas del cielo
se creen las mejores!

Las estrellas de mar
somos más discretas.
No tenemos luz propia
ni planetas.
Pero en algo superamos
a esas estrellas del cielo
tan creídas:
¡las estrellas de mar estamos vivas!

GORILA

Yo soy una gorila
muy tranquila.
Hago vida sana,
soy vegetariana,
como mucha fruta,
y aunque soy muy grande
no soy bruta.

Me encanta ir a fiestas
y dormir la siesta.
Y aunque soy vegetariana
a veces como termitas.
¡Para mí, son exquisitas!

FIESTA DE LOS ANIMALES

Esta es la fiesta de los animales
en sus hábitats naturales.
No queremos jaulas ni barrotes.
Ni mareas negras
ni chapapotes.
Ni un montón de plásticos
en el mar
que nos pueden asfixiar.
No queremos campos
llenos de basura
que nos estropean
la aventura,
ni queremos bosques
incendiados
por excursionistas
desalmados.

Somos compañeros
y compañeras
de toda la gente
del planeta Tierra.
Esta es nuestra casa
también, nuestro hogar…
y para cuidarlo
¡hay que cooperar!

Ana Alonso

Animales en verso

**Ilustraciones
de Marisa Morea**

ANAYA

EL DOSIER DE
PIZCA DE SAL

Jugamos con los animales

Conocemos a los animales desde que somos pequeños. Los tenemos en nuestra casa en forma de **peluches,** de **juguetes...** ¡Algunos afortunados hasta tienen **mascotas** de verdad!

Además, sabemos montones de cosas sobre ellos, como que a los **gatos** no les gusta el agua, que los **osos** son golosos y los **tiburones** son grandes cazadores...

Pero también hay muchas cosas que no sabemos. Los animales nunca dejan de sorprendernos con sus **curiosas costumbres** y maneras de vivir.

En estas páginas vamos a combinar nuestros conocimientos sobre los animales con un poco de investigación para saber más sobre sus vidas. Además, nos divertiremos inventando **poemas, cuentos, chistes, adivinanzas** y otras muchas cosas relacionadas con ellos.

Cebras y jirafas

Estos dos animales son mamíferos y viven en las sabanas de África. Son **herbívoros** (o sea, solo comen vegetales).

Las jirafas y las cebras no se parecen en nada... Bueno, se parecen en una cosa: las dos tienen bonitos **dibujos** en la piel.

Leemos

Lee el poema de la **jirafa** imaginándote que eres la jirafa misma. Exagera la entonación y haz gestos divertidos que estén relacionados con lo que dicen los versos.

Imaginamos

Imagínate que se encuentran una **jirafa** y una **cebra** en medio de una ciudad grande. ¿Qué se dirían una a otra?

Puedes escribir su conversación o representarla en unas viñetas de cómic.

Jugamos

Inventa una adivinanza sobre las **cebras.**

► Puedes hablar de unos pasos pintados en las calles para que los coches se paren y dejen cruzar a los peatones.

► Puedes compararlas con otras cosas que tengan rayas negras y blancas. Por ejemplo, una camiseta de marinero o un antiguo disfraz de preso. O las sombras de unas ramas sobre la acera...

Cocodrilos, lagartos y lagartijas

Todos estos animales son **reptiles.** Están cubiertos de escamas y tienen una larga cola. Pero tienen tamaños muy diferentes, y viven en sitios distintos.

Imaginamos

Imagina que eres un mago o maga y que vienen a verte un **cocodrilo** y una **lagartija.** Cada uno quiere tener algún poder del otro.

¿Qué don de la **lagartija** le darías al **cocodrilo?** ¿Qué don del cocodrilo le darías a la **lagartija?** Dibújalos con sus nuevos dones.

Cantamos

Vamos a ponerle música al poema del **cocodrilo** y lo cantamos. Ensaya varias veces para que te salga bien la melodía, ¡y ponle mucho sentimiento!

Creamos

Dibuja un cromo de una **lagartija,** otro de un **lagarto** y otro de un **cocodrilo.**

En una cartulina, dibuja los recuadros para pegar los tres cromos y escribe una explicación de cada animal debajo.

Intercambia tus cromos y pégalos en tu cartulina.

Caballos, yeguas y potros

Los **caballos** y las **yeguas** han sido grandes compañeros para los seres humanos. En otras épocas, ayudaban a nuestros antepasados a trabajar el campo y los transportaban de un sitio a otro.

A los hijos de los **caballos** y las **yeguas** se les llama **potros** o potrillos. Son delicados, pequeños y valientes. ¡Aprenden a andar enseguida!

¿A quién no le gustaría tener un **caballo**, una **yegua** o un **potrillo?** Completa este poema sobre lo que harías tú si tuvieras uno de estos animales.

Si tuviese un **caballo**
lo llevaría a _____
en el mes de mayo.

Si tuviese una **yegua**
compraría una _____
para dársela a ella.

Si tuviese un **potrillo**
le haría una _____
y un pesebre amarillo.

Cuervos

Los cuervos son unas aves **muy inteligentes.** Aprenden todo tipo de cosas y pueden reconocer distintas caras humanas. Además, tienen un lenguaje propio hecho de graznidos, y les encanta jugar solo por diversión.

Los seres humanos nos hemos inventado muchas historias en las que aparecen cuervos.

¿Sabías que los cuentos protagonizados por animales se llaman «fábulas»?

Aquí tienes una fábula tradicional sobre un cuervo titulada **«El cuervo y la jarra»:**

Un cuervo muy sediento encontró una jarra con agua, pero había poca agua y el cuervo no llegaba con el pico. Entonces, el cuervo tuvo una idea brillante: echó piedras en la jarra hasta que el agua subió lo suficiente para poder beber.

Atribuida a Esopo

Creamos una fábula

Ahora, inventa tú una fábula protagonizada por un **cuervo** y un **rinoceronte.** Puedes grabarte contando la historia o escribirla.

Títeres con peces

Todos estos peces salen en el poema de la página catorce:

▶ Arenques

▶ Merluzas

▶ Lenguados

▶ Salmones

▶ Salmonetes

▶ Sardinas

▶ Lubinas

▶ Doradas

¿Sabrías distinguirlos?

Descubrimos

Visita una **pescadería** con un adulto y pide a la persona encargada que te enseñe los tipos de peces que aparecen en el poema. Después, dibújalos y coloréalos.

Hacemos

Utiliza calcetines viejos para hacer un títere de alguno de estos peces.

Coge un **calcetín viejo** y mét[e]lo en tu mano como si fuera un guante.

Pega o dibuja **ojos** en la parte superior del calcetín para hacer la cara.

Usa un trozo de tela o papel para hacer la **boca** debajo de los ojos.

Pégale **aletas** de cartulina o materiales reciclados para que se vea que representa un pez.

Representamos

Llevamos los **títeres** a clase y nos agrupamos según el pez que sea nuestro títere. Con nuestros títeres, representamos el poema en grupo.

Animales de granja

Vacas, cerdos, ovejas, gallinas, burros o **patos...** Los animales de granja son muy conocidos, y una de las primeras cosas que aprendemos es a imitar sus sonidos.

Imitamos

Leemos en clase el poema **«Animales de granja»,** pero mezclando todo tipo de imitaciones de los sonidos de esos animales.

Relacionamos

Relaciona cada minipoema con un animal.

Cuando soy pequeño
me llaman lechón.
De mayor, gorrino o cochino.
¡Para saber quién soy
no hay que ser adivino!

Cuando soy un niño
me llaman cordero
con cariño.
Cuando soy más vieja
me llaman _____ .

Si mezclas lo que yo doy
con harina y levadura,
puedes hacer un bizcocho
y añadirle confitura.
Pero si lo mezclas
con patatas fritas
te saldrán tortillas muy ricas.

Mariposas y otros insectos

En este libro tienes un poema titulado «**Bichos**» donde salen algunos insectos. También son insectos las **mariposas,** que salen en otro poema.

Recordamos

Apuntamos en una **lista** todos los insectos de los que nos podamos acordar.

Investigamos

Elegimos **cinco** insectos. Pedimos ayuda a una persona mayor para buscar información en libros o en internet sobre ellos.

Escribimos un cuento encadenado

Con lo que hemos aprendido de esos cinco insectos, rellenamos este **cuento** para que trate sobre ellos.

Estaba [insecto 1] bajo una farola

cuando se encontró una caracola.

De la caracola salió un(a) [insecto 2]

que llevaba una cesta en una pata.

De la cesta salió un(a) [insecto 3]

que llevaba un carro de la compra.

Del carrito salió un(a) [insecto 4].

que llevaba un libro de cuentos.

Y del cuento salió un(a) [insecto 5]

que le dijo al [insecto 4]:

¡Vuelve a tu carrito!

y le dijo al [insecto 3]:

¡Vuélvete a tu cesta!

y le dijo al [insecto 2]: ¡A tu caracola!

y le dijo a [insecto 1]: ¡Vete a tu farola!

Después, el [insecto 5]

se volvió a su cuento...

¡y todos contentos!

Aprendemos un poema

En los **poemas** de este libro salen muchos **animales,** pero ¿cuál de todos es tu preferido?

Elegimos

Elige el poema de tu animal preferido. Léelo tres veces en voz alta.

Jugamos

Ahora, tapa el poema y juega a recordarlo. ¡A ver cuántos versos se han quedado en tu memoria!

Practicamos

Repite el juego cada día durante una semana. ¡Al final de la semana, seguro que te sabes el poema entero!

¿Sabías que aprender poemas es genial para ti?

▶ Aprender poemas no solo es **divertido,** sino también muy bueno para tu cerebro. Cuando aprendes un poema, estás haciendo **ejercicio mental** que te ayuda a recordar otras cosas más fácilmente. Además, estás entrenando tu atención, ¡y cuando aprendemos a estar atentos, todo nos resulta más interesante!

▶ Otra cosa buena de los poemas es que tienen **ritmos y rimas** que hacen que las palabras suenen como música. ¡Y la música siempre nos llena de energía!

▶ Además, si en el poema hay alguna palabra nueva para ti, aprenderás para siempre su significado y cómo se debe usar.

Adivinanzas en verso

A estas alturas, ya eres un experto de los animales en verso. Juega con tus compañeros y compañeras: ¿Quién será el primero en adivinar qué animal corresponde a cada poema?

Poema 1

Las hay de mar y de tierra.

Son lentas pero seguras.

Tienen un caparazón.

Hablamos de las _____.

Poema 2

Tienen fama de asesinos,

pero solo son glotones.

Son animales marinos

y se llaman _____.

Poema 3

Teje sus telas

con mucha maña

y atrapa moscas.

Es una _____.

Y tú, ¿te atreves a crear tu adivinanza
en verso?
Aquí tienes una ayuda:
El ratón es un mamífero pequeñito,
puede ser de color marrón o gris.

¡Y ahora te toca a ti!

Aquí tienes algunos animales que no salen en el libro. ¿Te atreves a **jugar** y **crear** con ellos?

Algunas ideas

► **Elige** uno de estos animales.

Águila

Erizo

Elefante

Delfín

▶ **Confecciona** un disfraz de él utilizando bolsas de basura, cartulinas, telas, lanas y otros materiales que se te ocurran.

▶ **Representa** en una maqueta **«La fiesta de los animales»** con los animales que salen en el libro y con algunos más de los que aparecen en estas fotos.

▶ **Invéntate** un **chiste** en el que aparezca uno de estos animales.

▶ **Juega** con tus compañeros y compañeras a **imitar** animales con gestos, sin decir palabras ni emitir sonidos. Los demás tendrán que adivinar qué animal estás imitando mediante preguntas de respuesta cerrada (sí o no).

▶ **Escribe** una **fábula** en la que salgan al menos dos de estos animales.